Die LYRIKEDITION 2000, begründet von
Heinz Ludwig Arnold, wird von Norbert Hummelt
herausgegeben

Das Buch

Mit »Die Fremde ist ein Ort« legt Sabina Lorenz ihren ersten Gedichtband vor. Der Titel ist programmatisch, geht es meist um nichts weniger, als um die Suche nach einem Platz im Leben. Doch dabei kann es sein, dass man losgeht und irgendwo landet, vielleicht »am anderen Ende der Stadt«. In Sabina Lorenz' Gedichten ist nichts, wie es scheint. Die Fremdheit ist überall – die Welt nicht greifbar, die Träume nicht planbar, das Glück nicht kalkulierbar. In der Differenz von Anspruch und Wirklichkeit bilden sich Zwischenräume der Fantasie, der Traumwelten. Diese nutzt die Autorin für ihre Dichtung: der »Goldfisch schwimmt vorm Fensterbrett, er/ hat sich in einen Vogel verliebt und/ erklärt mir die Philosophie von Wabi-Sabi«.

Manche Texte lesen sich wie moderne Miniatur-Comics, so reich an Bildern und so frech im Ausdruck (»wichsende Wölfe, Eichhörnchen mit Boskopbäckchen«) sind sie. In einer ungewöhnlich schillernden Sprache findet Sabina Lorenz Metaphern für die Welt in unseren Köpfen.

Die Autorin

Sabina Lorenz, geboren 1967 in München, hat Sozialpädagogik studiert und arbeitete seitdem in der Flüchtlingsarbeit, als Streetworkerin und im sozialen Dienst. Sie ist Mitherausgeberin der Literaturzeitschrift »außer.dem«.

Sie erhielt Preise und Auszeichnungen, u.a. 2002 den Uslarer Literaturpreis, das Stipendium des Literaturhauses Berlin 2004 und sie war 2007 Diessener Turmschreiberin. Bisher veröffentlichte sie in Anthologien und Zeitschriften.

Sabina Lorenz

Die Fremde ist ein Ort

Gedichte

LYRIK
EDITION
2000

Weitere Informationen über den Verlag und sein Programm unter:
www.lyrikedition-2000.de

Gefördert von Books on Demand, Norderstedt

Bibliografische Information der Deutschen Nationalbibliothek:
Die Deutsche Nationalbibliothek verzeichnet diese Publikation in der
Deutschen Nationalbibliografie; detaillierte bibliografische Daten
sind im Internet über http://dnb.d-nb.de abrufbar.

© 2007 Buch&media GmbH/LYRIKEDITION 2000
Umschlaggestaltung: Buch&media GmbH, München
Herstellung: Books on Demand GmbH, Norderstedt
Printed in Germany
ISBN: 978-3-86520-281-9

Für Yola, die eigentlich keine Gedichte mag.

Du magst jeden Tag vom selben Ort aufbrechen, um zum selben Ort zu gelangen, und gehst doch nie denselben Weg.

Jeanette Winterson, Verlangen

[aɪnts]

48° 8' N, 11° 34' O

Eine Glastür ist eine Glastür, deshalb darf das Kind sie auch nicht anfassen, wenn die Mutter saugt, spült und wischt, denn wäre die Glastür keine Glastür, sähe man die Fingerflecken nicht, und auch nicht die Schrift OЯÜƎƧIƎЯ, von drinnen halt. Und weil das OЯÜƁ ein OЯÜƁ ist, ist es immer ruhig und still um den kleinen Erdball, ähnlich wie im Weltall, außer wenn die Mutter saugt, aber im Weltall saugt sie ja nicht, denkt das Kind und fährt mit dem Finger über den Globus, dort, wo EUROPA steht und BRD, für DEUTSCHLAND sei kein Platz, sagt die Mutter, und das Kind sieht durch die Glastür auf die Welt da draußen, zwölf schwarze Autos, sieben silbrige und drei rote zählt es in einer Minute und findet es merkwürdig, in einem Ort auf dem Erdball zu leben, der zu klein für seinen Namen ist. Dreht es den Globus nach links, stehen da Worte wie TADSCHIKISTAN, KASHMIR, BHUTAN und TONGA, und das Kind überlegt, ob es dort auch Glastüren gibt, an denen zwölf schwarze Autos, sieben silbrige und drei rote in einer Minute vorüberfahren.

Und nun

Wie sich auf der Durchreise Gänse
unter Touristen mischten, ich saß, du sprangst
an den Gleisen entlang, still verwachsen
mit Heckenrosen, Hornkraut im Schienenbett.
Vergessen, dass du keine Steppschuhe trugst
und auf einmal dieser Angstflügel, die Gänse
kehren wieder und ihr Schrei: *Eil! Eil!* Wann
geht der Zug. Verlorene Federn
vom letzten Jahr. Du hobst sie auf, grinstest
in die Augen der Touristenkameras, breit, und
strichst und strichst diese zerzausten
Dinger. Versuch. Ein Spiel. Du saßt
ich sprang. War ja nichts zu sehen als Licht.

INNERS LIED

Also wars Aufwind. Es schneite jäh im November
und nasse Katzen zogen Spuren als wüssten
sie wohin. Aber Krähen waren schwärzer, sie
fraßen dir aus der Hand und geschaut hast du
wie liebestoll. Wie dieses Insekt von stehenden
Gewässern springt wollest du in die Luft hinaus (mit
eigenem Schal geht alles leichter), wenn du dich
aus einem Fenster stürztest, vom Glockenturm
vielleicht zur Sonntagsandacht, wo Gott zu Besuch
und ohne Schwindel Krähen kreisen, lackfedrig ins
Schneegestöber, der Schritt über den Rand heißt
Fallen lernen. Wie denken Krähen.

Den Mond zu füttern

Kalligrafischer Schnee, so sind wir
immer geradeaus gelaufen, und ich taste mich
durch deine Straßenführung als wäre sie

ein Epilog. Der zweitkürzeste Tag ist lang.
Dann die Mondfütterung, Möwen schreien
wie ein gefrorenes Saxofon *wie bist du*

ein bisschen Licht, wie Lichtlein. Als liege
die ganze Welt auf dem Rücken, weit
weiß, das Licht hingerotzt und gezittert

hast du, den Mond zu deuten. Matrixfehler.
Mein krummes Ich. Die Namengebung
irgendwo hinterm Brustbein, wo es gekräust

und wir sind immer geradeaus, U-Bahnen
rüttelten, als ob sie uns begleiteten. So der
Schnee. Winzigste Flecken.

ÜBERWINTERN

Tun wir, als obs ein Irrwisch wär. Dieser Vogel
im Fenster, die Ellbogen spitzer, die Zunge

gesäumt, Schalen unter Schalen. Im Spiegel
nichts. So bepreist, so bekränzt, Sprechblasen

verträufelt im Sund, getriebenes Gen. Prä
menstruell der Himmel, schwer bläht er sich

über nabellose Straßen, hier, wo Anzüge
ohne Männer Mittagspause halten, Nonnen

kreuzen das Jahrmarktskarussel: galoppierendes
Schwein, jaulende Sirenen hinterdrein, links

der Abgrund. (Mehrdimensional.)

Tun wir, als ob nichts gewesen wär. Da zogen
die Marienkäfer ein, ein Schwarm Orange

im Fenster, auf dem Sims, und die orangenen
Flecken krabbelten und zitterten und je länger

ich hinsah, desto stärker zitterten sie. So lachend
so ganz. Klebriges Glück unter Schalen, unterm

Schuh *krack* wie einst ausgeschabt, das Hirn, das
Herz (die Rispen). Ich zählte neunzehn Punkte.

Polierte Flügeldecken, Fühlerbeben. Hättest du
unter meine Jacke gesehen, da haben sie sich

verkrochen.

Also dieser Vogel und Ersehntes und du mit deiner
Haut. Ich kannte einen Hund mit solcher Haut

den wollte ich stehlen und häuten. Schnurrige
Glätte unterm Mantel, und den Mantel ziehst du

niemals aus, ist nicht deine zweite Haut, eher
deine erste. Ich bin da anders, besitze vierzehn

Garnituren Unterwäsche. Uns aus unseren Häuten
zu schälen. Ob das venusisch sei. Oder Knallbrause

in orange.

Also Vogel im Fenster, den Schnabel gesperrt
Federn wie Schirme im Schnee *Frostkiele* und

die Flügel gespreizt [ıç] und [ıç] und [ıç]. Das Hier.
Die Alphabete gesäumt (so ohnegleichen), und drüben

die Bushaltestelle vor Norma, Mitte der Welt. Z.B.
ein Senryû (ohnegleichen):

Alte auf der Bank/in ihrer fleckigen Hand/
ein Schneeglöckchenstrauß.

(Es waren nicht wirklich Schneeglöckchen, sondern
Plastiktüten. Aber es waren die Blumen, die sie liebte).

Es könnten auch Rosen sein *Frostrosen* für dich
Winterlieb. Über aufgesäumte Alphabete hast du

gelacht. Also hier. Und wintern sich ein. Orangene
Klumpen Marienkäfer unterm Sims, winzig, was

kommt.

Anstatt zu sagen, die Dehnung bleibt. *Harmonia axyridis*, asiatischer Marienkäfer, Neunzehnpunkt

so du, und stehst vor sechs Uhr auf, um dich
in eine Sekretärin zu verwandeln. Ein Senryû

Frau am Zugfenster/in ihren Brillengläsern/
spiegelt sie sich selbst.

(Nicht wirklich Zugfenster, sondern U-Bahn. Aber
morgens um sieben ist jede U-Bahn ein Zug).

Anstatt zu sagen, wir wurzeln. So: hat gesagt, hat
gesollt, und denkerisch *warum sollen wir gerade Sie*

ach, das Brot von gestern. Schwarzlichttheater.
Tun wir, als obs wär. Die Mitte der Welt.

Anstatt zu sagen, alles ist kleiner geworden. Dann
wäre die Mitte, wenn überhaupt, in sich selbst

überführt. Der Winter auch.

[tsvaɪ]

ZWISCHENRAUM

Die Flucht wird gelingen dachte ich
noch vor dem Morgengrauen
versteckte ich mich in einem Blatt
Papier ein Hut ein Schiff ein Aeroplan

Himmel oder Hölle am offenen Fenster
züngelten die Höfe schlagzeilengrau
lenkte ich mein Flugzeug in den
Wind schon öffnete sich der Himmel

die Flucht über die Dächer wird gelingen
dachte ich ehe ich in die Schneise einer
Boeing geriet verlor einen Flügel verlor
vier Finger an der linken Hand da ich

schneller als mein Luftschiff fiel mit einem
Bein blieb ich hinterm Horizont

Blues mit Hund

Nachts ist das Fenster ein Spiegel, und in jener Nacht da
berührte ich ihn und fiel hindurch. Ich landete auf dieser
Dorfstraße, auf der ich meine Kätzchen erschlagen hatte

aber in dieser Nacht war sie nichts als ein Weg, so ging ich.
Hinterm Friedhof traf ich die Liebe, und aus dieser Liebe
gebar ich einen dreibeinigen Hund, und wir gingen zusammen

und teilten uns das Sauerkraut der Autobahnraststätten, und
vor den U-Bahnschächten tanzte er für ein paar Münzen. Er
hieß Dr. weil er fand, dass wer auf drei Beinen tanzen könne

einen Dr. verdiene. An einem Mittwoch wärmte ich
sein nicht vorhandenes Bein und fror denn Dr. war
zum Wärmen zu klein, und die gestrigen Nachrichten

hatten keinen Regen vorhergesagt. Aber gestrige Nachrichten
sind alte Nachrichten, sagte Dr., und es regnete um fünf
in der Früh, und dein blauer Regenmantel, sagte er noch

ist an der Schulter zerrissen, dann schlief er in meiner Jacke ein
und aus dem Regen kam klitschnass die Liebe. Und war groß
genug für diesen Morgen, knallroten Lippenstift trug sie auf

und ich berührte ihren Spiegel und fiel hindurch. Ich landete
hinter diesem Friedhof wo ich einst die Liebe getroffen hatte.
Einen Lippenstift in der Tasche hielt ich Dr. in meiner Jacke

so gingen wir.

Auch ein Ort

Dazwischen warte ich hinterm Schlachthof
auf die beste aller Zeiten Luftschlösser

im Ärmel und eine Windmühle. Nicht
traurig oder so überhaupt nicht.

Auf dem linken Schulterblatt kräuselt
sich ein buntscheckiges Tattoo. Also da

zwischen Schlachthof und Aldi ein toter
Winkel mit Katzenpfötchen. Hummelhintern.

Und dort in der Ecke die Prinzessin
weiße Flocken im Haar wahrscheinlich

die Betrübung aus Kummerland zu sein.
Aber dazwischen ist noch etwas.

Lachen so viel Lachen und dann platzt
so ein Teil Gefühl möchte ich sagen

wohl blassgoldgeflügelte Sonnenblasen.
Sie heißt nicht umsonst Prinzessin.

Und dann

Es war so ein Tag, an dem ich die Liebe
aus dem Fenster warf, fort und weg
möge sie treffen, wen sie wolle
Gefühlsausflüge in den Müllcontainer
oder vom Wind verstreut über die Dächer.

Und auf den Tag folgte die Nacht
und da kam sie zurück, die Liebe
etwas schmuddelig, ziemlich verstaubt, und
Harz im Haar, Sand zwischen den Zähnen, da
zog sie ihre durchlöcherten Socken aus

tanzte in den drei mal vier Metern, und
sie roch nach Parfüm, als sie erzählte
von Montserrat in Barcelona, von Aroha
in Kaikohe, von den Pyramiden und vom Meer
und ich war einer ihrer Rastplätze.

SKYLINE

Da war der kleine graue Hund, er jagte
balzenden Amseln hinterher, heute früh
am Schuttberg sprang er mir zwischen
die Beine, ganz oben, ich strauchelte, und
die Sonne in den Spiegeln der O_2-Kathedrale
tauchte den kleinen Hund in Licht, ich blickte
über die Stadt zur Sichtgrenze
vom orangenen Ballon der Media Works
zum schweinerosa Telekom T, ich maß
die Mitte, und dort, wo du wohnst
schwenkte ein Kran im Kränewald
in dem du mich unterm Dywidagufo
das erste Mal küsstest, irdisch nachts.

Sie und ich und ein Schuh

Spuren im Neujahrsschnee ganz still
liegt der Teich im Wasser
schwimmt ein Schuh und ich sage
schau der Schuh und sie sagt
welcher Schuh und ich sage
na der da schwimmt und sie sagt
wo schwimmt und ich sage
na da im Teich und sie sagt
da schwimmt nichts und ich sage
schau doch und sie sagt
ich schau doch und ich sage
warum schwimmt da ein Schuh und sie sagt
da schwimmt kein Schuh und ich schaue sie an
und sie schaut mich an und sagt
es ist zu kalt zum Baden oder

Sie und sie und ich im Herrgottseck

Und ich sitze vor ihr und sie
sitzt neben ihr und sie starrt
in ihre Kaffeetasse und über ihr
starrt Anna und Maria und das Kind
und sie zupft an einem Haar an
ihrem Kinn und sie sieht sie an
wie sie an einem Haar an ihrem
Kinn zupft und ich sehe sie an wie sie
sie ansieht und denke so ist es und
so ist es auch ein schweigender
Selbdritt.

Verwandelte Wege

Ich erinnere mich, der rote Hund
jagte durch Tümpel am Weg

keine Krume, in den Wiesen
die Bäche eines ganzen Augusts

und nahbei im Fluss *Isar du*
gar flimmernde ersoff eine Ente

ich erinnere mich an den roten Hund
mit Himmelwärtsaugen

wie er durch den Matsch sprang
und sang: sie hat einen Hahn geboren.

Kubisch

Durchquere den Mittag im September, nicht
eine Spur von Nebel: Himmel postkartenblau
Oboe im Hof. Überblasenes Adagio.

Vorm Fenster fliegt ein toter Hund, im Rückgrat
ein Knick, ob er von sich Abschied nahm, ob er
staunt und ob er winkt. Er tut es nicht. Gleich wie

andere Tote schnürt er eine Acht. Hin: Fenstersims
her: Oboensolo im Hofquadrat, Oberton stringendo.
Was er wohl sucht.

[dRaɪ]

16:56:59 MEZ +01:00

Sonntags hörst du die Hunde heulen. Dann schlägt die Tür ein Schlüssel rasselt, und du starrst auf den, der dort an der Schwelle steht mit flüssigen Augen, knurrt etwas wie Expansion und Korrelation und schnurstracks durchs Fenster spähen, letztmögliche Gelegenheit vor dem Sprung, aber: kehr Hunden nie den Rücken zu. Ein halb offenes Universum, ein kosmologischer Hund und Kettenklirren, wenn er in blinder Wut nach Sternen schnappt, die schon lange nicht mehr existieren. In deinem Kopf krümmt sich die Unendlichkeit, kiloweise, dein Kopf, eine Spuckpfütze im final big bang.

Später kauerst du auf dem Fensterbrett. Jemand stürzt an dir vorbei. Gegenüber spielt wer *come un angelo,* und der Geruch von gebratenem Knoblauch dringt durch die Türritzen. Das ist das Merkwürdige daran.

EINES

Dringlich vor Glück als wärs und kürzte
ab durchs Brustfell, Braillewörter also
all die Jahre in Blitzlichtgassen als
wärs jemand der auszog mit
tanzenden Vogelklauen im Herzen
der 1, und 1 und 1 wär 11, so
käme es aus dem Rückenmark, wurzel
los operiert *nun atmen Sie tief.* Anderer
Umstand, anderer Ort, andere Zeit, die
diese Zeit nicht kennt.

03:15:41 MEZ +01:00

Es kommt die Nacht, wo du nach Hause willst und landest am anderen Ende der Stadt. Die Kehrmaschine rattert auf dich zu, ein Sprung über die Friedhofsmauer, du suchst nach einem halbwegs bewohnbaren Zimmer. Stolperst gegen Türen, verschlossen, nun ja, da – ein gezähntes Geschoss. Blutest aus der Nase, das weiße Licht der Straßenlaternen schwimmt in Pfützen, sowas wie Metall, und überall hängen Köpfe aus den Fenstern, wenns kracht, bück dich nicht. Dann fällt der Strom aus.

Mein Schatz, ein abgebrochener Zweig. In der Mitte zerschnittene Signaturen, zerfetzte Federn, Haare auf dem Kopfsteinpflaster. Und das verdammte Telefon *Herzlich Willkommen! Der gewünschte Gesprächspartner ist zur Zeit nicht erreichbar.* Eigentlich dachte ich überhaupt nicht an so etwas wie Sterben. Wollte doch bloß. Du hörst Schritte. Ein verkrüppelter Hund. Und zwischen all dem Flickwerk verstopft dein Mund von zitternder Luft. Mein Schatz, hast du nicht was vergessen?

Partikel, morgens um halb zehn

Die fremde Radfahrerin stürzt vor mir zu Boden, ein kleiner Fall, ein Ausrutscher, da steht sie schon wieder, nichts passiert nicht wahr, und ich lächle ihr zu, und sie sagt meine Finger und da liegen zwei Finger zwischen den Speichen im Kies und ob ich sonst noch etwas für sie tun könne, nein nein nichts und ich lächle ihr zu, ich gehe, und sie sagt oh Scheiße der Nagel und ich hämmere mit einem Stein den Nagel zurück in ihre Brust noch etwas, nein nichts, und ich gehe, und sie sagt mein Bauch die Scherben, und ich sammle die Scherben aus dem Splitt und setze sie wieder in die klitzekleinen Löcher, aus denen das Blut sprudelt wie aus einem Brausekopf, und sie sagt jetzt ist Zeit und sie gibt mir eine Zigarette, dann fängt es zu regnen an.

Nichts zu sehen

Und sie sagte sie sei die erste und die erste
cremte sich die Glatze und die zweite starr
te ins Spiegelbild sie sagte sie sei ein
Pokémon forderte Salbe für ihre Panzer
haut Pokémon mit Panzerhaut erleidet
keine Volltreffer nicht die dritte
warf ihren Kopf sie schleuderte
ihn in meinen Bauch zeig mir
was du spürst und der Rest
war Nacht und ich wurde
ein verwitterter Stein im
Pokéball gerne hätte ich
ihr Lachen gestillt
es war keine Welt
für solche
Haut

01:36:16 MEZ +02:00

In der elften Nacht spielt der Dudelsack, largo e cantabile, während du dich die Treppe hinunterführen lässt, und das Neonlicht flackert so halb im Takt bis der Ton durch deine Kehle läuft. Außerhalb Totenstille. Ach das lass mich und dann den Mund zugeklappt, fertig. Nur ein zerknülltes Taschentuch, und du liegst ganz still auf dem Rücken und wartest, dass dein Atem aus dir fliegt. Stell dir Männer vor, die Taschentücher rauchen.

Nach der Stille wirst du vom September überrascht. Du läufst gleich einem Flattern, flirrende Hacken, splitternder Ritz, spring übern Riss, dort, und Stimmen streichen die Wege blitzblau *da war also noch etwas an ihr, das nicht besonders groß war.* So ein Lichterlaut für marodierende Füße. Du läufst durch die Straßen und die Straßen laufen durch dich hindurch und zeigen dir dasselbe Gesicht. Irgendwer kommt immer vorbei.

ENTWEISEN, FERNER

Und die Schneewehen im Mai, und die Sekunden
Stille. Trug deinen Lorbeerzweig wo das Eis
geknackt (und springen tut es auch) als wärens
Dinge, die zusammengehören (wie Hase

und Herz). Üb kleine Schritte Druck aufs Eis
weiß die Haut über Wirbel gespannt, da brichts
zwischen spilleriger Zehen, aber der Nachmittag
strich und der Weg sei weit, ums um Ecken streifen

zu sehen: ein Pflatsch Katzenfutter im Gesicht
Dachhase du, und ich ging vor die Tür und drehte
mich um und winkte und wusste nicht wem ich winkte
nur eins fällt mir auf: die Snurre schleppt Nestlinge

übern Hof (im Mai. Vorrangig zur Aufzucht
des eigenen Nachwuchses). Scharlachrotes Fleisch
winzigweich geplustert Ding. Als lauschten die Federn.
Gezeit. So du. Wenn nehmend zittert dein Puls, trug ihn

an Verspätungen vorbei durch U-Bahnschächte
wie weich wir waren. Wurzelchen. Links gewunden.
Nebst ingeheim. Unter Wachspapierhaut zinkende
Rippen. Spross am Saum. Seitentrieb resublimiert.

So könnte es sein.

Gewebe übern Tag gespannt

Knirschend der Tag im Sonnenlicht, Licht
starre, aber der Staub, der Staub
sagt sie, und wie die Stadt zur Legowelt
zusammenschnurrt (System mit Noppen)
Minifigs in den Straßen, entblößte
Menschen (also die Gesichter. Wie vor
gebleckten Zähnen). Keine Geheimnisse.
Dafür Sonderangebote bei Lidl, deutscher
Spargel in Dildogröße (kleiner Dildo, sagt sie
würde reichen), und die Alte, die ihn
in die Tasche schiebt (etwas zurückerobern
für einen Moment) bis Bulldoggen
zuschnappen. Festbeißen, *ja
was haben wir denn da*, und der Staub
der Staub, sagt sie, als ob eine
Stampede

GEWÄCHS, GEBUNDEN

Ineinandergeschobene Gespinste, diese
Begrenzungen: begradigte Wucherungen
der Reihenhaushecken.

(Das Hundsgebell. Die Reviere.) Bulimische Mädchen

passgenau zwischen Thujen gepresst, Haut
wie Seide, *Sommertyp*, nach Typberatung
als angenehm gedacht. Versteckter

Fleck, und: Haut die zweite

vom Geträumten angehäuft, girl loves boy.
Bravo. Fleck weg. Versteckt. Führerschein
mit achtzehn und dann ab die Post, und

ein paar Halbe. Angemessen. Die Tränen (endlich)

von Thujen verschluckt, und Stimmlage (es gibt
keinen Ersatz für die Stimmlage) ein Fleck
im schuppigen Grün: über Samt streichen, ach

Herbsttyp. Mädchen (welch Hunger, welch Wort) und sie

als ein Loch im Leib, das es zu stopfen gilt, mein
Raubzug, mein heimliches Versteck: Blutwurst
Herz und Leber, sie und Kuss und boy

(was die frisst!), was übrig bleibt (sie

brennend) von Thujen einverleibt, und Galle, Spucke
Tränen. ~~Sie~~. Dies als ein Loch im Heckendunst.
Gebunden. An guten Tagen.

JULIMOND

z.B. der ausgefranste Mond. Liegt so
wie ein Ei zwischen den Kaminen nachts
und am Tag, Mondtransit

am Tag in der Asphalthitze zwischen
den Straßen zwischen den Zügen
am Abend, dort Menschtransit

zwischen den Höfen nachts, Katzen
transit unterm Ei. Im Ei loses Fleisch
tropfender Klops, kein Aug, keine Nase

kein Mund. Das Lied tönt später als wärs
normal. Faserlied an der Haltestelle: zer
stückelte Schalenhaut, 30 mm Knöchelchen

seelengebändert zwischen Zügen zwischen
Straßen zwischen Schale. Allein oder ists
die Stadt. Gesirrtes Grün und Mütter, drüber

der Mond das Ei. Alles ist kleiner geworden.
Jener Traum durchs Herz einer trägen Stadt, mitt
drin im Schweiß nackter Oberkörper, gepiercter

Nabel, Kinderspucke, Müttertränen, allein
die Stadt ist leer. Nest aus verklebtem Staub
die Welt zusammengebrochen wegen einer Prise

Salz, und was dann. Der Sommer läuft in die
Nächte aus, Lichter überm Hof, unterm Mond
(oval), orange gefärbte Zelle flirrt später, franst

später, zittert später. Es ist ja auch sehr anstrengend.

22:05:46 MEZ +02:00

Gefleckter Abend, nachtwärts, und Osterschnee draußen, und dieses Knallen wie von einer Plastiktüte im Wind. Drinnen der kleine Fleck an der Wand, in dem du nach einer Bedeutung suchst. Die Stimme ist rau. So ein Zappeln, als der Fleck größer wird, gefranste Druckform und Teller und Brille in Scherben, und die Vase mit den Osterglocken irgendwo zwischen Elle, Speiche und Gesicht – also ein flitzender Blitz, grellweißer Spalt von drinnen nach draußen. Draußen

Osterschnee, gefleckt, so still und nachtwärts. An einem Abend wie diesem bleiben die Leute zu Hause, weshalb du niemandem begegnest, während du in den Mittwoch gehst, tagwärts.

Du stehst in einem Bahnhof und es schneit, Osterschnee und eine Anzeigetafel – nächster Zug nach Wien via Salzburg, Linz – in der du nach einer Bedeutung suchst. Ach, ist doch einfach: es ist die Uhr, die dreieinhalbmal schneller geht. Und die Taube bringt auch keinen Brief, sondern pickt bloß gedankenlos nach Essbarem, dann fliegt sie auf.

[fiɐ̯]

SPUREN

I

Über den Dächern flimmert die Nacht.
Wenn die Zeit schläft, schaue ich sie bloß.

Meine Väter sind Schriften in der Wand.
Meine Mütter antworten nicht.

Ich bin Wolle. Ich fahre Rolltreppen
um mich zu beruhigen. Brauchen Sie Hilfe?

Ich kannte einen Jungen, der reiste
mit eingerissenen Ohren auf der Weltkarte.

Er fragte, wie komme ich nach China.
Ich wusste es nicht.

Ich kannte eine Frau, die stand mit heraus
gebrochenen Zähnen auf dem Balkongeländer.

Sie fragte, wie komme ich wieder zurück.
Ich wusste es nicht.

Ich kannte ein Mädchen, das tänzelte
mit Löchern in den Adern die Straße auf und ab.

Sie fragte, wie komme ich zum Schlafen.
Ich wusste es nicht.

Heute Nachmittag ging ich an einem Plakat vorbei
darauf stand: Be the champion.
Ich riss es ab und stopfte es mir in den Mund.

2

Du habest im Kaufhaus ein Gebiss gekauft
sagst du als wir uns auf der Rolltreppe begegnen.

Es tanze auf deinem Nachtkästchen
damit du die Wörter nicht verlernst.

Flieg zu mir, und ich bastel Flügel aus Resten
die haben sich mir ins Gesicht geklebt.

Ein Lachen, es entgleist ein bisschen, aber
ja, du lachst.

Manchmal suche ich meine Väter in der Wand.
Manchmal suche ich meine Mütter in ihrem Schweigen.

Das ist sinnlos, sagt du, und
dagegen gibt es nichts einzuwenden, aber

heute Mittag hatte ich zwei Schatten
einer ging vor mir her, der andere folgte mir.

Manchmal suche ich Bahnhöfe.
Wenn der Zug einfährt, schläft die Zeit.

Meine Jacke steigt ein, mein rechter Fuß
der linke weiß von nichts.

3

Bahnhöfe sind Orte für Gespenster. Nach dem letzten Zug
wickele ich mich in meine Jacke ein, ich erinnere mich

schöne Mütter zog es zum Eiskaffee, rote Strähnen
schimmerten wie Blut in ihren Haaren. Väter mit Rosen

in der Hand zerschnitten Teppiche. Hunde fraßen Fotos
in blassorange, in sepia bevor sie krepierten.

Die Narben der Täter entzünden sich. Die Narben
der Täter sind nicht die Narben der Opfer. Die Narben
der Helfer entzünden sich.

In der Rotunde entfernen sie sich mit einem Päckchen
Vergessen, nasal oder geraucht, damit beschäftigt
sich selbst zu helfen.

Die Nacht verschwindet mit der Zeit. Ich esse Träume
auf Bahnsteigkanten und frage, was das ist: Zuhause.

Wie ich hierhergekommen bin, weiß ich nicht. Manchmal
wenn ich die Augen schließe, sehe ich mich gehen.

4

Ich gehe durch diese Tür und hinter dieser Tür
lehnt ein rotes Kinderfahrrad an einem Baum

und darüber nichts als ein fremder weißer
Himmel und das Kind sitzt im Baum und wirft

eine Handvoll Scherben in die Luft die heimliche
Gottheit lebt im Brunnenschacht wo man

junge Katzen ertränkt das Wasser
tiefgrün von drinnen gesehen und das Kind

im Kirschbaum lacht die Blüten weiß wie die
Federn der Hühner die seine Mutter rupft.

5

Weiß ist keine Farbe, Weiß ist wie ein Fleck
den man verstecken kann. Ein unsichtbarer Ort

ein nächtlicher Bahnhof. Arbeiter wie Schattenbilder
Polizisten und ihre Hunde die Kontinua.

Stünde hier ein Haus, es röche nach gekochtem Fleisch
die Plakate an den Wänden verkündeten rechtes Scheitern.

Nichts könnte ich dagegen vorbringen, ich dächte an
Fieberblasen, krustige rote Grenzen auf der Haut.

Es ist ein allseitiges Verlieren. Der Indizienkatalog:
darüber haben wir nie gesprochen. Es hat uns ja auch
bis heute keiner gefragt.

Die Angst der Zeugen riecht. Die Angst der Zeugen
ist nicht die Angst der Opfer. Die Angst der Helfer riecht.

An Bahnsteigen stehen keine Häuser. Wenn ich die Augen schließe
zieht es mich dorthin, wo der Himmel weiß ist. Für gewöhnlich
stehen die Türen offen.

6

Ich gehe durch diese Tür und hinter dieser Tür
prallt Techno-Beat von einer Mauer und darüber

nichts als ein irrlichternder Nachthimmel und das
Mädchen wirbelt auf der Mauer im Kreis und tanzt

Scherben zu Splitter ein schwarzes Pferd
donnert durch ein Labyrinth wo man

jemand in den Wahnsinn schickt die Nüstern
weit gebläht jenseits der Flucht und das Mädchen

auf der Mauer tanzt die vierte Nacht tot
wie der Splitter der ihr Rückgrat durchsticht.

7

Hebt sich die Nacht, tauchen Menschen auf
schwarze Dochte in der Dämmerung, ein Nachklang

wir übergeben solche Fälle mit Akte. Weiter geschah nichts.
Nie sagte jemand. In den Tassen verkrustete der Kaffeesatz.

Du hast deinen Mantel vergessen, sagst du noch
und ich nicke, ja, klar. Sonst nichts gesagt?

Die Sprache allein ist nicht bewohnbar. Meine Hände
sind kleiner geworden, meine Väter in der Wand

meiner Mütter Schweigen. Ich fahre Rolltreppen
auf und ab und esse Plakate an Straßenecken
be the champion.

Am Bahnsteig verkauft ein Vertreter Zahnbürsten.
Auf Gleis elf fährt ein. Dann schläft die Zeit.

[fʏnf]

Suchst du

Vielleicht in Bahnhofshallen, dort wohnt
die Fremde. Ankommen, um wegzugehen
und Fahrpläne überall, und noch ein geworfenes
Souvenir (Schneekugel. Plexiglas.) Das Glück

blauer Fleck. Der Rest eines Gesichts, ganz weiß.
Man könnte meinen, wir verschwinden. *Ich saß
und drehte eine und das war alles.* Verdammte

Koffer, die sich nicht mehr auspacken lassen
ein hungriger Vogelschwarm, vom Himmel
taumeln Federn als fiele Schnee. Verwunderlich
die Dreistigkeit in den Herzen der Großstadtvögel

ein leichter Wind über unseren Köpfen. Ob es ein
unordentlicher Kuss. So sei es. Hätte ich gewusst
dass ich dich suchte.

Es gibt viele Umgebungen für die Nacht. Die Fremde
reicht nur bis zur nächsten Häuserzeile. Da nisten
in den Dachrinnen Tauben. Da brennen Lichter
um vier in der Früh. Die Fremde ist ein Ort.

Dort. Die Bilder
für Jacques Alliod

Sacht wehrt sich dein Liegen, fremdes
Laken, fremder Stein von Ort zu Ort, wo
du bist von Bild zu Bild, die Augen die
Kinder die Frauen die Runzeln die Haut.
Soviel Haut (nicht im Rahmen, und
wie oft sie aus dem Bild springt), deiner
Sprache unkundig, wo du bist. Sacht, damit
die Leute dich vergessen *immer sichtbar
die Kamera* wo du am Straßenrand
kauerst wie in innersten Ängsten *da
hat sich alles gedreht.* Da ist
dieses Mädchen (ohne Rahmen)
das Limonade trinkt (keine
Landverschickung). Noch Jahre
Jahre die Geschichten. Dieser Krieg.
Das Geheimnis ist, dass man verschwindet.
Da sind Kontraste. Sacht, Tage
am Straßenrand.

UNHEIM BETRÄUMT

Stummtage, Liebstes, wie immer
zu spät, der Zug schon fort, ich bleibe.
Ankunftszeiten Abfahrtszeiten, dazwischen
ein kurzes Gespräch mit der Klofrau. Sie
bietet mir Gummibärchen an, ich antworte
geschwätzig wie eine Elster. Nachhaltig
arbeitende Midlife-Crisis, dieser Hunger
wenn die Worte sich verkanten, nicht
Null, nicht Eins, *Madam
what is your definition of soul.* Surrende
Fliege in der rechten Gehirnhälfte, das
ist alles: Sentiment: mathematische
Rätsel, Lautsprecherdurchsagen eine Form
von Landgang. Einstieg, Umstieg, *your ticket
please*, wohin, ich habs vermerkt, Liebstes, wann
geht der verdammte Zug.

SCHWIERIGES LICHT
für C.P.R

Rauchfahnen im August und Baukräne
im Suppenhimmel. Sieht aus wie
Röntgenaufnahmen einer Raucherlunge.
Lungenschatten. Die Bücher sind zu groß.
Bewegung braucht doppelt Zeit. Unaufhörlich
quatschende Knochenwesen, die Spatzen
im Gestrüpp. Ursprachen. Ein
Goldfisch schwimmt vorm Fensterbrett, er
hat sich in einen Vogel verliebt und
erklärt mir die Philosophie von Wabi-Sabi.
Draußen werfen Kinder Styroporkugeln
in die Luft. Erster Schnee. Sie sagen
ich spräche Worte, die es nicht gibt.

WEISS

Gerne vergesse ich viel, z.B.
das Mückengeschwader vergangene
Nacht *wir müssen durch die Finsternis*
in langzähnigen Nächten entwöhntes
Vergessen, Tagesrauch
an seinem Gerüst erstickt. Schon länger
kommt keine Post bei mir an, und die
U-Bahn-Kontrolleure vergessen, mich
nach meiner Fahrkarte zu fragen.

Anderwelt

Weißt du, welcher Tag heut ist? Dieser Morgen
seit Wochen stumm. Mit geschlossenen Augen

höre ich Hummeln durch den Fensterspalt flirren
Hautflügler Ende April. Klitzkleines Loch

am Schreibtischfuß. Tastende Beine, roter Pelz
Hausbesetzung, und das ist Wirklichkeit. Wann

fing der Morgen an? Am Mittwoch ging ich in
die Nacht, oder gehört die Nacht zum Donnerstag

die Menschen leben traumhaft um mich her. Nacht
welt still, nur die Uhr springt nervös in ihrem Rad

und REM-Phasen rings, im Radio laue Stimme, Nacht
stimme von Nacht zu Nacht. Ging am Mittwoch hinein

kam am Donnerstag heraus, ging am Donnerstag
hinein, kam am Freitag heraus. Zeitflecken. Später.

Weißt Du, welcher Tag? Dieser Morgen seit Wochen
stumm. Pfropf Schnipsel in das Loch, kopfloses Gesirr

aufgeschreckter Flügelpaare. Häutig. Großstadthummeln
Morgentier, und das ist Wirklichkeit. Die Nacht

ist endlich noch weit.

[zɛks]

BUKOLISCH 1

An fremden Fenstern sitzend, Sonne fett
und ferne Berge, die Enten, die Hühner
das Heu pittoresk gepflanzt, all die
Glückseligkeiten *habt euch lieb
und werdet durstig* wie warm es ist
auf fremde Dächer schauend
fremde Wärme, fremde Worte
als wärens Vorworte, z.B. ob
ich in einer Garage schliefe, doch
es sind Vorgärten, lüftlweiß zusammen
hügelnder Ort

BUKOLISCH 11

Der Regen ist tödlich für Zaudernde. Hier
das Kratzen der Waldortwiesel, dort Stroh
und einen halben Meter tiefer Albträume
in Zahlen: 1 rot. 2 ist keine Verdopplung.
Gerade 4, glitzerblau. (Um zu ihrer Sippe
zu zählen.) So schnurren die Berge heran. So
liefs in Pfützen als ganzer Bachsturz, Regen
knödel für wildlebende Fleischfresser unserer
Heimat. Nur Federn fehlen. Erinnere es solange
du deine Schuhe unter Fichten stellst. (Wie
monözisch. Welch Flachwurzler.) Vielleicht
wird etwas Großes sie mit einem Schlag
aus dem Schlaf reißen. Solange du deine Schuhe
unter Fichten stellst ist alles möglich. Selbst
umgepflügte Wolken. Nur Federn fehlen
immer noch. (Es könnte saisonale Unterschiede
in der Mauser gegeben haben.) Allein
Tropfen rinnt vorbei und Zapfen fällt vorbei und
kein Ballkleid weht vorbei und Hunger geht vorbei.
(Das Universum wuchs ja auch, obwohl kein Himmel
zu sehen war.) Ein Häher hüpft durch den Hühnergrill
als wärs sein Waldodrom. Immer gehts um Fleisch
gestopfte Wiesel, wichsende Wölfe, Eichhörnchen mit
Boskopbäckchen. Und Weiches. Ein siebenbeiniges
Spinnentier. Um es in den Himmel zu reden.

München, Ausfahrt Ost/Nordost

Auf der Windschutzscheibe Sprühregen im März
ist das normal und ich fahre durch Trabantenstädte
wo vor schlammigen Ackerflächen bunte Fahnen
wehen: Aldi Norma toom. Jetzt am Samstag
stehen Jeeps auf den Parkplatzanlagen vor
den Plattenbauten. Dahinter verteilt Eon
10 bis 100 MW in die Region.

Als ich hier mit dem Schulbus fuhr wuchsen
in dieser Gegend bloß Hochspannungsmaste
am Rand der Äcker. Einmal wurde daran
ein Storch gegrillt und manchmal da
prasselte es in den Leitungen es klang
nach Wolkenbruch und wir spielten
selbstgebastelte Katastrophen.

Azzurro

Meine Muttersprache
ist meiner Mutter Sprache
ist wie stillstehende Mittagssonne
auf staubigem Asphalt
das Echo eines Stimmengewirrs
in Moskitonächten
so sagte sie

Meine Vatersprache
ist meine und meines Vaters Sprache
ist wie dampfender Atem
an einem eisglitzernden See
das Gelächter der Kinder
im Gewitterregen
so sagte sie

Meiner Mutter Sprache
war die Sprache des Verlangens
der sich verirrenden Träume
der hinausschweifenden Lieder

Die Sprache der Geheimnisse
der Selbstgespräche
meiner Mutter

In meiner und meines Vaters Sprache
führte sie
Fremdgespräche

Wohin geht die Fremdheit, wenn sie alltäglich ist?

Die Zunge meiner Mutter war fragwürdig
wenn sie sich um die Vatersprache krümmte
verriet mit ihren abgerundeten Enden eine Bittstellerin um

die harte Deutsche Mark
so sagte man, und

im zu lauten Infinitiv des
WoherWiesoWarum
wurde eine erwachsene Frau zu einem Kind

leckend an Eisblumen auf Metall
die Zunge festgeklebt
mit einem Lächeln
mit einem Lächeln.

Wohin geht die Wut, wenn sie auf der Zunge schmilzt?

Meine Mutter sprach zwei Sprachen
beide in Azur
mit denen sie jeden Tag die Fremdheit aus mir biss

Meine Mutter hatte zwei Hände
die linke in schweigendem Zorn
die rechte hüllte mich in ein Badetuch, und
sie besaß eine Wanne, worin sie mich passend wusch

für das Gelächter im Gewitterregen
für den Atem am eisglitzernden See

so sagte sie

gegen den Infinitiv
für die Deklination der Scham

Nur gelegentlich
an heißen Sommernachmittagen
bläst sie den Staub vom Plattenspieler, sie
legt eine zerkratzte Schallplatte auf
und spielt mir ein Lied

['ziːbən]

Gott im Gras

Ich habe Gott im Gras gesucht. Meine Großmutter meinte, ich könne ihn dort finden, er sei überall. Also kniete ich in der Wiese und suchte. Was ich fand, war aber nicht Gott. Ich fand Ameisen. Und eine Kellerassel. Die spießte ich mit einem Stöckchen auf, heraus trat ein gelber Brei, und dann schleppten die Ameisen sie fort. Ich dachte, ist Gott überall, ist Gott in der Kellerassel, ist Gott in den Ameisen. Frisst Gott sich nun selber auf?

Inhalt

[aɪnts̯]

48° 8' N, 11° 34' O · 9
Und nun · 10
Inners Lied · 11
Den Mond zu füttern · 12
Überwintern · 13

[tsvaɪ̯]

Zwischenraum · 19
Blues mit Hund · 20
Auch ein Ort · 21
Und dann · 22
Skyline · 23
Sie und ich und ein Schuh · 24
Sie und sie und ich im Herrgottseck · 25
Verwandelte Wege · 26
Kubisch · 27

[dʀaɪ̯]

16:56:59 MEZ +01:00 · 31
Eines · 32
03:15:41 MEZ +01:00 · 33
Partikel, morgens um halb zehn · 34
Nichts zu sehen · 35
01:36:16 MEZ +02:00 · 36
Entweisen, ferner · 37
Gewebe übern Tag gespannt · 38
Gewächs, gebunden · 39
Julimond · 40
22:05:46 MEZ +02:00 · 41

[fiːɐ̯]

Spuren · 45

[fʏnf]

Suchst du · 55
Dort. Die Bilder · 56
Unheim beträumt · 57
Schwieriges Licht · 58
Weiß · 59
Anderwelt · 60

[zɛks]

Bukolisch I · 63
Bukolisch II · 64
München, Ausfahrt Ost/Nordost · 65
Azzurro · 66

[ˈziːbən]

Gott im Gras · 71